Bibliografische Informationen der Deutschen Nationalbibliothek

Die Deutsche Nationalbibliothek verzeichnet diese Publikation

In der Deutschen Nationalbibliografie detaillierte bibliografische

Daten sind im Internet über http://dnb.dnb.de abrufbar

©2015 Günther Stegmeier

Herstellung und Verlag

BoD-Books on Demand, Norderstedt

ISBN 9783734775697

GEFÜHLSEBENE

VON

GÜNTHER STEGMEIER

Vorwort

Jeder hat schon mal das Gefühl gehabt, das sein Leben nicht rund läuft. In dieser Zeit nimmt man so viel Gefühlsebenen war, das es einem sehr schwer fällt zu verstehen was passiert.

Mein Leben lief ganz selten Rund und ich war mit meinen Gefühlen immer alleine. Ich suchte ständig nach einer Lösung, oder sagen wir Ventil. Da in meinem Kopf so viel Gedanken auf einmal waren, die sich mit meinen Gefühlen mischten, kam ich mir vor wie ein Schnellkochtopf. Der ständig unter Druck steht und allein ist. Es musste eine Lösung her.

Einer von den wenigen Menschen, der mir zuhörte und es auch konnte hatte eine Idee. Schreib deine Gedanken/Gefühle auf ein Blatt Papier und lass das Blatt ein paar Tage ungelesen liegen, sagte er zu mir. Ich nahm den Rat an und setzte mich am Abend an den Tisch, Kuli in der Hand und Papier vor mir.

Nach zwei Stunden hatte ich noch kein einziges Wort zu Papier gebracht. Ich konnte meine Gedanken nicht sortieren, denn es ging in meinem Kopf zu wie auf der Autobahn, ohne Tempolimit. Parkplatz gab es auch keinen. Ich ging frustriert ins Bett und fühlte mich nur einfach beschießen. Da fiel mir so ein kleines Büchlein im Regal auf. Ich hatte es einmal geschenkt bekommen und achtlos dort abgelegt. Ich holte es mir und kroch wieder unter die Bettdecke. Es war so ein kleines Büchlein mit Sprüchen, die einem im Alltag helfen sollten. Beim durchlesen waren meine erste Gedanken, keine Ahnung wem die helfen sollen aber mir bestimmt nicht. Sie waren alle in Gedichtform geschrieben. Ich legte es wieder ins Regal und hakte als unnütze ab.

Beim Einschlafen hatte ich dann diesen Gedanken.

„Wenn ich meine Gedanken/Gefühle in Gedichts Form nieder schreiben könnte!"

Dieser Gedanke lies mich nicht mehr Los und ein paar Tage später fasste ich meinen ganzen Mut und versuchte es in Gedichts Form. Es passierte was Verrücktes und für mich Unfassbares. Meine Gedanken Verliesen die Autobahn und Liesen sich durch mich lenken. Da ich mich konzentrieren musste auf die Gedichts Form, wurden auch meine Gedanken ruhiger. Und das aller schönste ist, wenn ich Gedichte schreibe verschwindet für kurze Zeit der Alltag und ich schwebe auf meiner Seele durch Raum und Zeit.

Ich mache das jetzt schon seit über zwanzig Jahren. Mal mehr, mal weniger. Jetzt hat sich vor zirka vier Jahren mein Leben so ins Negative Entwickelt, das mein Seelischer Zusammenbruch vorprogrammiert war. Keine Arbeit, Schulden bis zum erbrechen, Familiäre Probleme und keine Ziele mehr. Ich musste über das Arbeitsamt bei einer Maßnahme teilnehmen, wo sich meine Begeisterung in Grenzen hielt. Da lernte ich drei Damen kennen, die an mich glaubten. Sie entdeckten meine Gabe zum Gedichte schreiben und was ich mit meinen Gedichte bewirken kann. Sie zeigten und erklärten mir warum auch anderen Menschen meine Gedichte wichtig sind. Ich bin ihnen dankbar und dieser Gedichts band ist ihnen gewidmet.

Ich wünsche allen Lesern dieser Gedichte, gute Gefühle und viele Erkenntnisse. Möge ihr leben in Harmonie fließen.

Das wünscht ihnen von Herzen Günther Stegmeier

Auf der Straße des Lebens

Auf der Straße des Lebens,

bin ich in so mancher Sackgasse gelandet.

Hab Tränen der Bitterkeit geweint,

hab gelacht obwohl es mir zum heulen war.

Auf der Straße des Lebens,

war die Nacht mehr mein Begleiter, als der Sonnenschein.

Hab im Schmutz gewühlt,

und festgestellt das er aus Blut, Tränen, Schmerz besteht.

Auf der Straße des Lebens,

hab ich gelogen um mich selbst zu belügen.

Hab Lügen verteilt,

und Lügen geglaubt, weil sie so schön waren.

Auf der Straße des Lebens,

hab ich die Liebe gesucht und Leidenschaft gefunden.

Hab Sex als Liebe angenommen,

und dabei die richtige Liebe mit Füßen getreten.

Auf der Straße des Lebens,

bin ich noch und suche.

Hab Dich immer noch nicht gefunden,

kann noch nicht geben was ich fühle.

Der Tag wird zur Nacht

Und wieder ist ein Tag zu Ende,

die Tauben ziehen ihre letzten Kreise,

Glocken schlagen die letzte Stunde, vor der Wende,

ein Tag voller Sehnsucht geht leise.

Ein Tag voller Sehnsucht, nach Dir und Freiheit,

es beginnt die Nacht, der Angst und Schmerzens,

wieder eine Nacht der Kälte und Einsamkeit,

kommen werden die Tränen des Herzens.

Die versteckten Erinnerungen werden aufgedeckt,

Alpträume schlagen gnadenlos zu,

ich möchte zu Dir kuscheln, mit Angst, Schmerzen wo in mir
steckt,

möchte Dich und die Wärme spüren, hey du.

Meine Liebe mit Deiner vermischen in Massen,

deinen Herzschlag fühlen, hören dabei,

ich möchte mich auf den Grund deines Herzens fallen lassen,

möchte so viel, doch möchten und sein sind zweierlei.

Lieber Vater lass bitte schnell Tag werden,

denn die Sehnsucht des Tages kann ich leichter ertragen,

als die Nacht, der Angst und Schmerzen,

und halte bitte fern von meiner Liebsten, alle Plagen.

Meine geliebte Rose

Du kamst als Knospe zu mir,

so zart, verletzt und zerbrechlich,

ich fühlte unsere Verbundenheit, und ging mit dir,

dein Schmerz wurde durch die Liebe vergänglich.

Die Knospe öffnet sich wenig,

das erste zarte Rot ist zu erkennen,

wir fühlen bereits einen Hauch von ewig,

unsere Seelen berühren sich, dieses Zart kann man nicht benennen.

Du fasst Mut und lässt die ersten zarten Blätter sehen,

unter meiner Berührung erzittern sie voll sehnen,

dein Wunsch wird stärker, die Liebe wird mit uns gehen,

unsere Wurzeln gehen tiefer, wir können uns anlehnen.

Mit Gottes Hilfe wird langsam eine Blütenpracht,

wir lassen uns fallen und sind doch gebettet,

es gibt kein verletzen, wir geben acht,

unsere tiefe Liebe hat uns vor der Einsamkeit gerettet.

Du bist jetzt voll erblüht,

dein Schmerz, die Angst hat verloren die Macht,

Liebe wurde so stark, wie morgens die Sonne erglüht,

Gott und die Liebe, hat das Lachen, das Leben wieder in unsere
Herzen gebracht.

Gedanken-Gefühle

Zwei Tage das Paradies,

nicht Denken an das Verlies.

Reden, gemeinsam essen und trinken,

lauschen den Finken.

Zwei Tage du und Sonnenschein,

sechszehn Stunden nicht allein.

Schauen, sammeln und hören,

nichts kann unser Glück stören.

Zwei Tage ein strahlendes Gesicht,

das Gestern fällt nicht ins Gewicht.

Wissen, meinen und fragen,

unsere Gefühle gemeinsam tragen.

Zwei Tage sich gegenseitig spüren,

den Anderen tief ins Herz führen.

Sehnsucht, halten und Zärtlichkeit,

ohne Worte eine wunderbare Vertrautheit.

Mit ganzem Herzen,

Kraft schenken, halten und stützen.

Aus der Tiefe lieben.

Gedanken zweier Tage mit Dir.

Valentinstag

Heute ist der Tag der Liebenden,

der vor Sehnsucht vergehenden Paare.

Der Tag großer Blumensträuße,

und auch der glücklichen Tränen.

Für uns Beide ist dieser Tag 365-mal im Jahr,

denn wir lieben uns jeden Tag aufs Neue.

Wir haben jeden Tag große Sehnsucht,

die Blumensträuße aus dem Herzen kommen Tag für Tag.

Meine Geliebte, ich liebe dich,

so tief und innig, meine Sehnsucht brennt.

An diesem Valentinstag schicke ich dir,

eine besonders große Portion Liebe.

Den Blumenstrauß für Dich,

hab ich in meinem Herzensgrunde gepflückt.

Mit meinen glücklichen Tränen,

hab ich sie jeden Tag zärtlich gegossen.

Muse

Und wieder hat sie mich geküsst, die Muse

sie kommt, ganz nach ihrer Art, ohne Anmeldung vorbei gehuscht,

sie muss nicht öffnen ihre Bluse,

muss mir nicht zeigen, ihre nackte Brust.

Sie muss mir nicht schöne Augen machen,

ihren Körper zur Schau darstellen,

mich mit süßer Stimme betören und andere Sachen,

sie kommt einfach, mit leisen Wellen.

Sie fragt nicht lange,

sie spricht nicht um den heißen Brei herum,

ihr ist alles voll bewusst, sie kennt keine Bange,

sie sagt auch nie, darum.

Sie küsst dich ohne zu fragen,

sie erweckt deinen Geist zum leben,

die Zeit kommt bei ihr nicht zum Tragen,

Tag oder Nacht ist ihr gleich, bei ihren streben.

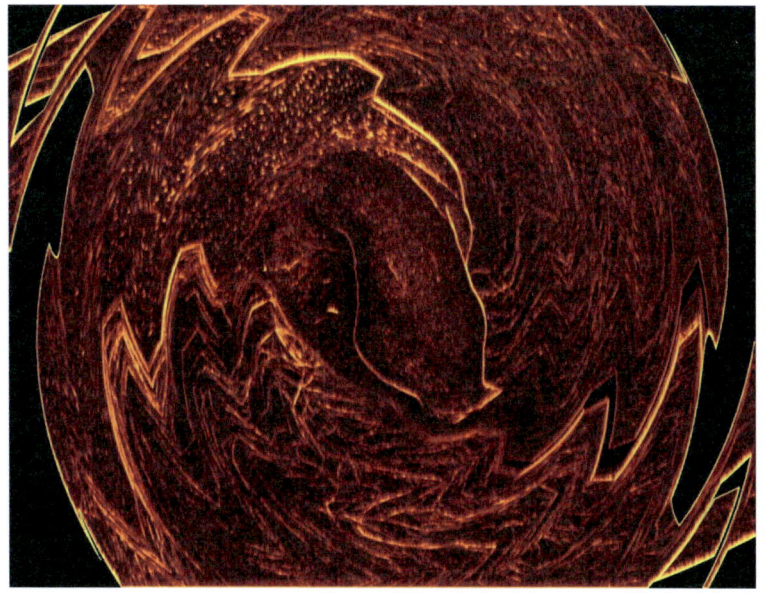

Worte

Worte sind Laute die der Mensch von sich gibt

Manchmal kommen sie auch aus tierischem Schnabel

Laute in verschiedener Sprache es auch gibt

So mancher hält seine Laute für den Weltennabel.

Worte können als Linien auf einem Blatte stehn

Auf mehren Blättern und gebunden, auch Buch genannt

In einen Baume geritzt kann man Liebessprüche sehn

Und so manche Frau wartet auf Worte von ihrem Mann gespannt.

Worte gibt es schon seit langer Zeit

In alter Sprache und Schrift

In einem Brief geschrieben kommen sie auch von weit

Und so manches Wort tief ins Herzen trifft.

Du kannst mit Worte liebe und Frieden bringen

Doch durch Worte wurde schon mancher Krieg geführt

Man kann Worte auch aus tiefsten Herzen singen

Und die Liebste hat es sofort gespürt.

Die Pianistin

Sie schreitet in den Raum mit ihrem ganzen sein,

Ihr Blick sagt, ich weiß was ich kann,

Ihre Haltung zeigt, das geb ich euch von Mein,

Öffnet Seele und Ohren, das ich Euch ziehen kann in den Bann.

Sie kennt jede Taste und ihre Wirkung,

wenn sie anschlägt mit ganzem Gefühl,

und du geöffnet hast dein Selbst ohne Einschränkung,

kommt das Gespür in Masse und im Gewühl.

Jetzt heißt es Vorsicht mit den Klängen,

kein falscher Ton darf sich lösen,

die Zuhörer sitzen mit ihren Ängsten, in den Ränken,

eine Oktave zu hoch und die Qual kommt mit Stößen.

Eine Oktave zu niedrig gespielt,

und die Zuhörer klinken sich aus,

doch die Pianistin ist gut, jeder Ton ist gezielt,

alle bleiben im Raum, keiner verlässt das Haus.

Du sagst, ich soll mich fragen

Ich frage mich, wie soll ich es mir sagen,

auf die Liebe weise mit meiner dünnhäutigen Seite,

mit Fakten durch meine Kluge Seite vortragen,

oder knallhart, das ich gleich such die Weite.

Ich denke hin, ich denke her,

ich hab dich lieb sagt meine weiche Seite und ich kuschle sehr,

ist doch Sonnenklar sagt meine Kluge Seite und mir wird's so schwer,

mein Teufel schreit mit Gebrüll, Vollidiot wo kommst du nur her.

Ach ja stimmt ich hab euch betrogen,

ich hab euch belogen,

hab mich verhalten als stehe ich ständig unter Drogen

und vielleicht ist auch jetzt alles erlogen.

Wer steht hier vor mir,

wer stellt hier die Fragen,

wer ist eigentlich der Chef hier,

wer hat so viel Mut und will es wagen.

Sprich mit Mir

Du sitzt da und sprichst kein Wort,

dein Blick ist in der Ferne,

du bist an deinem eigenen Ort,

wie er wohl aussieht, ich wüsste es so gerne.

Ist es eine Waldlichtung oder bist du am Meer,

bist du glücklich oder weinst Tränen bitterlich,

ist jemand bei dir oder nur das Wolkenmeer,

ist es Abend oder das Morgenlicht.

So viele Fragen liegen mir auf der Zunge,

doch du sitzt starr in deinem Sessel,

ich könnte schreien aus voller Lunge,

du würdest nicht reagieren in deinem Kessel.

Ich liebe Dich und bin doch allein,

mein Herz schmerzt so unsagbar,

wann hab ich Dich verloren, es ist so gemein,

das Weltliche Leben hat Dich mir genommen, es ist offenbar.

Baum

Du bist gefallen zur Morgenstund,

die schwere Last auf deinem Geäst hat dich nieder gerungen,

überall ist es zu hören, er ist gefallen kommt aus jedem Mund,

hatte er Schmerzen, kam ein keuchen aus seinen Lungen.

Die Tage waren so kalt denn Väterchen Frost machte halt,

der Schnee lag schwer auf deinen ausgestreckten Armen,

manchmal hörte man es knacken in deinen Gebeinen, im ganzen Wald,

selten kamen um diese Zeit Herzen vorbei, die warmen.

Die Nacht kündigte sich an mit eisigem Wind,

er ist kein himmlisches Kind, er bläst so stark als wär er in der Hölle geboren,

er rüttelt und schüttelt dich, mal von vorn, mal von hinten ganz geschwind,

du wirst immer mehr und ohne Erbarmen gefroren.

Die Kälte kriecht unaufhörlich von den Ästen immer weiter,

der Stamm schmerzt weil dein Blut gefriert,

das Eis erreicht deine Wurzel wie der Abstieg von der Leiter,

dein Halt ist erfroren, der Vogelwirt stirbt.

Sagt wer

Du musst dir die Nase putzen vor die Oma kommt,

du musst zuhören wenn man dir was sagt,

wasch dir die Hände aber prompt,

steh gerade wenn dich jemand fragt.

Schiel nicht sonst bleibt es dir,

lüg nicht sonst kommst du in die Hölle hinunter,

sei immer freundlich bringt dich weiter, glaub es mir,

iss dein Gemüse dann bleibst du fit und munter.

Die Nase läuft und der Rotz kitzelt so schön an der Oberlippe,

ich höre weg und es ist so schön still,

die Hände sind voller Dreck von der Kippe,

ich mach einen Katzenbuckel weil ich es so will.

Ich Schiel und das Baby schreit vor Vergnügen in der Wiege,

ich lüg weil der Kranken Frau die Wahrheit jeden Mut nimmt,

ich bin mürrisch gegen unrecht und es bringt mir Siege,

ich esse das Fleisch und geb meiner Frau das Gemüse, es stimmt.

Die Moral von dieser Geschichte,

sei immer du selbst,

sei immer ehrlich zu dir selbst denn das fällt ins Gewicht,

geh mit offenem Herz durch die Welt.

Orgasmus im Kopf

Alles ist so wirr in meinem Kopf,

die Gedanken rennen hin und her,

es macht alles keinen Sinn, es fehlt der Deckel zum Topf,

wird nicht weniger, sondern mehr und mehr.

Sogar die Gefühle zwischen den Beinen,

machen was sie wollen,

sie rennen ständig, die Gedanken bleiben nicht bei den Seinen,

wo sind sie geblieben, die Gefühle, die Tollen?

Möchte mal wieder einen Körper bedecken,

mit Küssen vom Kopf bis zu den Zeh'n,

ihn mit Zärtlichkeit erschrecken,

voller Lust ihn beben seh'n.

Wo bist du, die diesen Rausch mit mir erleben will,

die meine Gedanken zu ruhe bringt,

die sich verlieren will,

die mit ihrem Herzen singt?

Der Weg zu mir

Hier bin ich und weiß nicht wo ich bin,

es ist so leer und alles macht so wenig Sinn,

zeigt mir der Spiegel, wer ich bin,

wenn ich dich frage macht dies einen Sinn?

Wer leidet hier,

wer lechzt nach dem Leben voller Gier,

ist es mein ich oder ist es mein Ich,

wer ist stärker und nennt mich nicht?

Es sind so viele Fragen nach dem Warum,

es sind so viele Schmerzen in mir,

niemand kann mir sagen, Darum,

ich sitz einfach nur hier.

Wer ist fähig meine Fragen zu hören,

wer ist bereit in meinem Müll zu wühlen,

wen darf ich in seinem Leben stören,

muss ich weiter sitzen zwischen Stühlen?

Wer bin ich

Die Frage ist gestellt,

sie steht im Raum,

wer bin ich und nicht die Welt,

ich muss in mich schaun, ich trau mich kaum.

Bin ich der ängstliche Spross,

oder der mutige Löwe in seinem Sein,

hab ich ein Schloss,

oder hocke ich in der dunklen Ecke ganz allein?

Nein ich bin Ich,

ich bin kein unbeschriebenes Blatt,

bin so viel Wert, egal was man spricht über mich,

ich bin Rau und nicht Glatt.

Bin Mensch mit all seinen Mucken und Macken,

ich bin hier auf dieser Welt mit Recht,

auch mir gehört die Luft zum Atmen, lasst es sacken,

ich bin bereit für jedes Gefecht.

Gedanken sind frei

Ich sitze hier mit meinen Gedanken,

sie rennen im Kreise,

sind unklar und ständig im Wanken,

finde keine Antwort auf diese Weise.

Es geht ständig hin und her,

bin verunsichert, verletzt,

fühle mich schlecht, alles fällt mir schwer,

die Gedanken rennen wie gehetzt.

Ich bin genervt und mir fehlt die Ruh,

zieh mich zurück in mein Schneckenhaus,

du fragst mich wo drückt der Schuh,

bin nicht da, bin ganz klein wie eine Maus.

Bin wieder da

Ich war verschwunden unter einem Berg von Müll,

begraben mit vielen Gedanken von überall her,

bekam keine Luft mehr unter dem Gewühl,

die Angst und der Schmerz beherrschen mich sehr.

Ob man mich vermisst hat, weiß ich nicht,

ob eine Lücke im Gefüge war,

ob mein Fehlen gefallen ist ins Licht,

oder nur der Gedanke, endlich weg der Narr.

Egal was war und ich hinterlassen hab,

ich bin wieder da mit meinem ganzen sein,

hab mich an die Oberfläche gekämpft aus meinem Grab,

ich bin Fleisch und Blut, nicht aus Stein.

Mit meiner Seele steh ich vor Euch ganz nackt,

bin nicht mehr bereit zu funktionieren nach eurem Willen,

ich bin da mit all meinen Schwächen die Stärken sind, das ist Fakt,

wisst ihr was, ich werde jetzt meinen Hunger stillen.

Die Macht der Musik

Sitze versunken hier an diesem Ort,

der Klang, der Musik trägt mich hinfort,

es klingt so wunderbar in diesem Zauberort,

meine Seele tanzt mit dem Winde hinfort.

Der Geigenklang ist wie das flüstern aus dem Feenwald,

ich möchte tanzen in weiten höh'n,

im Rausche dieser Töne wird man nicht alt,

ach lass mich jetzt in dich sinken, es ist so wunderschön.

Über den Wolken treibt es mich dahin,

die Lerchen sind meine Begleiter,

der Anfang ist das Ende von Anbeginn,

sie singen mit dem Geigenklang so herrlich heiter.

Ach du schöne Sonne ich komm zu dir mit Geigenklang,

Lerchen kehren um wegen deinem Glanz,

gleich fehlt mir ihr wunderschöner Gesang,

empfange mich mit Laib und Seel, bitte nimm mich ganz.

Das Gefühl und die Zeit

Ich sitze hier und die Zeit vergeht nicht,

Träume und Zeit laufen mir davon,

die Gedanken sind so schwer und fallen ins Gewicht,

Gefühle sind so leicht als kämen sie von Avalon.

Ich suche nach dir und es dauert so lang,

versuche dich zu erhaschen, du bist so schnell,

es ist Dunkel und alles führt in den Gang,

doch ich sehe es, am Ende ist es Hell.

Wieder sitz ich hier ohne dich,

gibt es dich überhaupt,

oder verlier ich mich,

und ich bleib ewig meinem Traum beraubt.

Ich will doch nur, die mich versteht,

die meinen Gedanken folgen kann,

keine Angst hat und mit mir den Weg geht,

gemeinsam das Schiff der Gefühle sehen kann.

Dein Klang

Du entschwindest von den Saiten,

gehst fort in die weite Welt,

es gibt keine Grenzen du erreichst alle Weiten,

ziehst über Wiesen und Feld.

Die Seelen sind dir wohl bekannt,

du durchziehst sie mit herrlichem Klang,

der Geiger zaubert Dich mit eigener Hand,

was für ein Geigengesang.

Der Wind reist mit dir geschwind,

über und unter den Wolken klingst du,

keine Höhe ist für dich ein Gebind,

bist immer unterwegs, hast keine ruh.

Ach du herrlicher Klang, lass mich nicht frei,

will gefangen sein in dir,

will meine Seele dir geben mit süßem Schrei,

du machst es so warm im Herzen, in mir.

Der Tag ist erwacht

Es ist noch Dunkel und schon ist der Gesang, der Vögel zu hören,

hinterm Berg schimmert schon leicht ein heller Glanz,

diese Morgenstimmung will mich betören,

auch die Mücken beginnen bereits ihren tanz.

Ach wie herrlich die ersten Sonnenstrahlen,

sie blinzeln ganz frech übern Berg,

so wunderbar wärmend sind die Strahlen,

bei so viel Kraft fühlt man sich wie ein Zwerg.

Der Morgentau glitzert wie Diamanten,

das Spinnennetz blinkt in allen Farben,

es ist ein Morgenrot so weich, ohne Kanten,

überall schreien lauthals die Raben.

Ich sauge ein die warme Luft,

spüre die Sonne auf meiner Haut,

über der Landschaft liegt ein seltsam schöner Duft,

jetzt erwacht die Welt, denn überall wird es laut.

Vorstellung

Gib mir eine Arbeit,

gib mir eine Aufgabe,

ich bin da und bin bereit,

gebe die Leistung, die ich habe.

Gib mir was zu Denken ohne Scheu,

zeig mir den Arbeitsplatz und ich hab Ideen,

anerkenne meine Leistung und ich bin dir treu,

nütze mich aus und ich sag Aufwiedersehn.

Darf ich den Kopf benutzen bin ich voller Glück,

sehe ich Ergebnisse kann ich mich freuen,

ich mach dir Stück für Stück,

meine Ergebnisse lassen dich nicht bereuen.

Stellst du mich ans Band,

gibst mir Arbeit monoton in allem sein,

da schlägst du mich vor eine Wand,

dann kann ich nicht länger dein Arbeiter sein.

Warum fragst du ständig

Wir sitzen ruhig da und sehn fern,

es kommt wieder Serien die nur auf Negativ Gefühl aufbauen,

ich mag sie nicht den mir fehlt dabei, ich hab dich gern,

man badet im Schmerz der Andern, es ist mir ein grauen.

Sie geht Fremd und er betrügt mit Tücke,

was begeistert da deinen Geist ich versteh es kaum,

sie gehen nicht gemeinsam über eine Brücke,

warum gefällt dir nicht der Frieden hier im Raum.

Dann kommt zum tausendsten Mal die Frage,

liebst du mich, bist du mir treu,

warum machst du aus mir ein Schauspieler in dieser Lage,

warum denkst du nur, ich hab im Kopf nur Heu.

Merkst du den nicht meine Verzweiflung,

das du mich aus dem Hause treibst,

glaubst nicht an meine Liebe, nimmst mir die Hoffnung,

das du mit deinem ständigen Verdacht mein Herz zerreibst.

Wenn langsam die Liebe stirbt

Viele Jahre haben wir die Tage genossen,

haben dem Alltag gemeinsam getrotzt,

schnell ist die Zeit verflossen,

haben mit unserer Liebe manchmal auch geprotzt.

Wann hat es begonnen mir weh zu tun,

wann hat dein ständiger Zweifel mich verletzt,

als du immer öfters gebohrt hast und ich nicht mehr konnte ruh'n,

ich hab tausend Mal gelobt und doch hast du mich gehetzt.

Über Zwanzig Jahre war ich dir Treu,

hab dich in meinem Herzen getragen,

hab jedes begehren fremder Frauen abgetan wie ein Gebräu,

doch du glaubst mir nicht, stellst nur diese Fragen.

Jetzt bin ich müde und ausgebrannt,

möchte hin liegen und nicht mehr aufstehen,

bin jetzt einfach zu oft an die Wand gerannt,

ich glaub jetzt wird es Zeit zu gehen.

Jetzt ist Schluss

Ich hab es viele Jahre ertragen,

schluckte jeden Brocken den du mir vorwarfst,

versuchte immer wieder dich zu fragen,

mein schweigen, sagte dir du darfst.

Eigentlich mach ich das Spiel von Anfang an mit,

bin ich selbst schuld an dem Heute,

es ist ein ständig Ritt am Abgrund, bin nicht mehr fit,

„warum" ist immer die Frage von den Leuten.

Jetzt bin ich aufgerieben in meinem ganzen sein,

du bist entsetzt und suchst die Schuld bei den Andern,

mein ganzes Leiden hältst du für schein,

wie weit soll ich noch wandern.

Schluss aus und ende,

jetzt ist es gut,

ich reiß das Ruder rum, ich will die Wende,

es geht nicht mehr, ich brauche Mut.

Tanzen

Ich will Tanzen mit meiner Seele,

will bewegen mich in anderen Welten,

reiten wie im Meer auf einer Welle,

besuchen meine Ahnen, vielleicht sogar die Kelten.

Ach lieb Seel, ich möchte so viel,

ich weiß nur du kannst mich entführen, wo kein Körper kann hin,

möchte die Welt sehen von außerhalb, das ist mein Ziel,

möchte wissen wer ich bin.

Will verstehen die Welt,

sehen das Ende und den Anbeginn,

bereisen möchte ich das Himmelszelt,

fliegen durch das Universum und verstehen seinen Sinn.

Ach Seel lass mich tanzen mit dir,

spüren was du im innersten spüren kannst,

sei mein Reisebegleiter und erklär mir jetzt und hier,

erklär mir wie du mich fandst.

Kuss

Lass dich betrachten von allen Seiten,

verstehen lass deinen Sinn,

wenn du gehaucht wirst über Hand, überwindest du alle weiten,

fliegst zur Liebsten hin.

Gedrückt mit den Lippen auf die Stirn,

auf Vaters oder Mutters Haupt,

löst du Gedanken in ihrem Hirn,

sagst ohne Worte, habe eure Worte aufgesaugt.

Auf die Wangen gehaucht,

zur Begrüßung von Freundin und Freund an jedem Ort,

soll es sagen, du wirst mit dem Herzen gebraucht,

ich freu mich dich zu seh'n, mein Ehrenwort.

Der Liebsten gedrückt auf die Lippen,

dabei zärtlich umarmt ihren Laib,

sagst du ich möchte an dir nippen,

ich liebe und begehre dich du wunderbar Waib.

Zum Geburtstag alles Liebe

Und wieder sind wir alle versammelt,

es ist dieser große Tag der uns alle Freude macht,

wir haben alle in unseren Herzen gesammelt,

das ganze Jahr haben wir ganz viel Liebe eingepackt, welche
Pracht.

Immer wenn du was Liebes Gesagt oder getan hast,

egal ob zu uns oder anderen Menschen die dir begegnet sind,

kam es Schwups ganz schnell ins Herz ohne Last,

schon ein Lächeln von Dir wurde eingepackt geschwind.

Alle haben wir ganz sehnsüchtig gewartet auf diesen Tag,

wollen dir doch das viele zurück geben, was du uns geschenkt,

wollen voller verlangen in deine Augen sehn an diesem Tag,

wenn wir unsere Herzen öffnen und dein Lächeln anfängt.

Hier kommt unsere ganze Liebe über Dich,

alles Gute zum Geburtstag unser lieb Kind,

das das neue Lebensjahr nur Glück bringt über Dich,

das Gesundheit, Frieden, Harmonie und Liebe dich ständig begleitet wie der Wind.

Zu Grabe werdet ihr getragen

Ihr Brut des Bösen befreit habe ich mich von Euch hungrigen
Gespinste,

nicht länger sollt ihr mein Leben bestimmen,

im Kopfe seid ihr entstanden so unbarmherzig, das ich die Ruh
nicht finde,

der Impuls kam von außen, doch ihr wolltet in diesem Gedanken
schwimmen.

Die Worte wurden ausgesprochen von einem Anderen, sein leid,

doch wie ein Schwamm ihr sie eingesaugt und in Gefühle gleich
gewandelt,

diese Worte, die mich nicht betrafen jetzt mein eigen leid,

lasst mich tanzen auf Gefühlen die ihr verwandelt.

Oh ihr grausamen Geister, treibt mich zu Dingen die ich nicht will,

verändert mein Denken zu einem stinkenden Kanal,

ihr Gedanken im Kopfe seit endlich still,

durch euch wird mein Leben banal.

Schluss jetzt, ich werde euch auflösen,

werde euch ersetzen durch Gedanken der Liebe, und ihrer Gabe,

in den hintersten Winkel werde ich sie schicken, damit ihr könnt nicht dort dösen,

ja es ist so weit ihr negativen Gedanken, getragen werdet ihr zu Grabe.

Meine lieben Leserinnen und Leser,

nun hab ich euch ein Stück durch mein Leben geführt und auch in meine Seele schauen lassen. Ich weiß nicht ob ich euch berühren oder euch dazu animieren konnte, euer Leben selbst in die Hand zu nehmen. Nur um eins bitt ich Euch, "lebt euer Leben und werdet nicht gelebt!"

Ich bin 1963 in Memmingen(Allgäu) geboren. Gelernter Holzmechaniker und seit 1994 Verheiratet.

Seit ca. 20. Jahre schreibe ich Gedichte, die für mich Aufarbeitung meines Selbst sind. Durch drei lieben Damen und ihrer Anregung, habe ich mich jetzt entschlossen meine Gedichte auch anderen Menschen lesen zu lassen. Ich denke das war eine gute Entscheidung! Ich würde mich freuen, Sie persönlich bei einer meiner Lesungen begrüßen zu dürfen. Mit lieben Gruß ihr Autor Günther Stegmeier.